美しき ウクライナ

愛しき人々・うるわしの文化・大いなる自然

美しき

ウクライナ

愛しき人々・うるわしの文化・大いなる自然

著者 ウクライナー　訳者 岡本朋子　日本語版監修 平野高志

日経ナショナル ジオグラフィック

ポリッシャ地方

ヴォリーニ地方

キーウ

ハリチナ地方

カルパチア山脈

ポジッリャ地方

ザカルパッチャ地方

ブコヴィナ地方

黒海沿岸地方

シーヴェル地方

ポルタヴァ地方

上ドニプロ地方

スロボダ地方

下ドニプロ地方とザポリッジャ地方

ドネツィク地方

アゾフ海沿岸地方

ベッサラビア地方

タウリヤ地方

リヴィウ市の市庁舎の塔。雪に覆われた旧市街を見下ろすように
2月の晴天の寒空にそびえている。

目次

キーウ州のドブラニチフカ村では、若い女性たちが花輪を川に流してイヴァン・クパーラ（夏至祭）を祝う。

マリナ・リバノヴァは、チェルニウツィー市の中心街で20年以上、
〈ブキニスト〉という趣のある本屋を営んでいる。

海鳥の影絵。タウリヤ地方の黒海沿岸部にあるキンブルン半島。
数えきれないほどの海鳥が干潟の上を飛び交う。

はじめに

〈ウクライナー〉について

〈ウクライナー（Ukraïner）〉は、世界のため、また自国ウクライナのためにウクライナを調査し、記録するために集まった人々によるボランティア団体。創設者でありジャーナリストでもあるボフダン・ロフヴィネンコは、「本団体の目的はすべてのウクライナ人が『自分は誰なのか？』『自分はどこから来たのか？』という問いに完結かつ明確に答えられるような現代のウクライナ像を発見することだ」と述べている。

2016年6月、ボフダンは同じ志をもつ仲間とともに初の全国遠征に出発した。その企画をSNSで公表し、数千人のフォロワーを集めた。こうして2年半におよぶウクライナの歴史的地域をめぐる旅がはじまった。以来、2回の遠征でウクライナ全土を2周する。プロデューサー、インタビュアー、フォトグラファー、動画撮影者、ドライバーからなる少人数の制作チームは、それぞれの担当の地域を訪問し、いまだに知られていない重要な出来事や歴史を見つけ出した。一方で、新しいものや価値あるものを創造する人々やウクライナの文化の独自性と多様性を守り抜く人々の日常生活と慣習についても調査した。その結果、大都市だけでなく人里離れた奥地でも多くの発見があり、それらを記録することができた。その中から、選りすぐりをまとめたのが本書である。

現在のウクライナーでは、600人以上のボランティアがいくつかのチームに分かれ、企画・制作、調査、インタビュー、撮影、文字起こし、字幕作成、文章の執筆・編集、12カ国語への翻訳を行っている。

さらに、サクセスストーリー、変革の物語、改革の実

行、文化遺産の保存と歴史的記録の保護といったテーマについての情報を、さまざまなメディアを通して世界に発信し、ウクライナの言語や歴史や文化に関する解説動画も制作している。常に国内外に向けた情報発信の新たな形を追求するとともに、ソーシャルメディア用のテキストやビデオの翻訳、映画やポッドキャストや書籍の制作などにも取り組んでいる。

⇐ 完全装備：テトリスチャレンジ（仕事に関わる人物と備品を平面上に並べて上から写真を撮り、それをSNSに投稿するムーブメント。ハッシュタグは#tetrischallenge）で、車の前に機材を並べてポーズをとるウクライナーの調査チーム。

⇑ ブチャ市のプラスト・センターの前に集まるウクライナーのボランティアメンバー。

キーウ

1000 年の歴史をもつ
政治・経済・文化の中心地

キーウ洞窟修道院の黄金のドームは、遠目にも輝きがわかる。1051年
にドニプロ川の西岸に建設されたこの修道院には、貴重な建築物や博
物館や洞窟などがあり、ユネスコの世界遺産に登録されている。

　キーウ市を本拠地とするプロサッカークラブのFC
ディナモ・キーウが、熱狂的な地元ファンの前で国内
リーグ戦をしめくくることで知られるオリンピック・スタ
ジアム。そのすぐ隣には、19世紀に建てられたキーウ要
塞が立つ。このヨーロッパ最大の盛り土の要塞には、か
つて政治犯を収容した悪名高い刑務所の記念碑があ
る。

⬆キーウ要塞の旧軍事学校の裏手に見えるオリンピック・スタジアム。

キーウ要塞から自転車で数分のところにあるNGOのU-Cycleは、持続可能な都市交通の実現を目標に掲げて活動している。キーウ市自転車協会は2007年より、自転車インフラの拡充とサイクリストの安全を守るためのキャンペーンを展開している。

⬆アナスタシヤ・マカレンコは躍進しつづけるU-Cycleの理事会メンバー。
➡➡さまざまな時代を象徴する歴史的建造物。キーウ洞窟修道院の黄金のドームのそばにそびえたつ巨大な祖国の母の像。

ウクライナ西部

ウクライナ西部では、
国境が何度も引き直された
歴史がある

ハリチナ地方の都市テルノーピリ。町の中心部にある城から郊外にまで
広がる大きな湖に木々が姿を映す。

ザカルパッチャ地方

親友

ミヒェルとスイギュウ

「カルパチアのスイギュウは頭がいい。スイギュウは物覚えがいいだけでなく、それぞれが個性をもっている」。そう語るミヒェルはドイツのキール出身。大学で林業を学び、母国ではもはや見られない昔ながらの風景や生活様式に惹かれ、ウクライナのザカルパッチャ地方に移住した。現在は同地方のチュマリョヴォ村に住んでいる。

1900年頃まで当地の農家は数千頭のスイギュウを所有していた。だが、ソビエト連邦時代、スイギュウは集団農場（コルホーズ）に没収されてしまう。集団農場でのスイギュウ飼育はうまくいかなかった。乳が出なくなり、最終的にはみな殺されたのだ。ミヒェルにとってそれ

は当然の帰結だった。「スイギュウは飼育者と友達にならないと乳を出さない」からだ。ミヒェルが飼育するなかにも、まだ乳を出してくれないスイギュウがいる。それほどスイギュウ飼育は難しい。

ザカルパッチャ地方では約1500年前からスイギュウが飼育されてきたが、現在も飼育しているのはミヒェルだけだ。彼の願いは、土着のスイギュウの遺伝子と伝統的な飼育法を守りぬくこと。「人間はもっと自然に近いところで暮らすべきだ」と言い切るミヒェルは、自らの活動を通してそれを証明したいと考えている。

ザカルパッチャ地方

ヤンコ・デレヴリャニー
ヤヴィルニク山の木製アート

　ヴェリーキー・ベレズニー町からヤヴィルニク山中にあるヤンコ・デレヴリャニーの石造りの家までの道は非常に険しい。ヤンコは設計者、建築家、彫刻家だ。1974年に山小屋を宿泊施設に改造することを依頼され、以来、標高1017メートルのこの場所で自然との調和を保ちながら仕事をし、生活している。石や金属やコンクリートも使うが、何よりも木を使って芸術作品や家具や橋や建築物をつくるのが彼の仕事だ。先史時代の太陽のシンボルから高さ3メートルのキリスト教の十字架まで、ヤンコの作品はデンマークとイタリアの教会や美術愛好家にもコレクションされている。

ポジッリャ地方

不滅の記念碑

聖ミハイロ修道院

　バコタ村は、1981年に水力発電所のために建設された美しいドニステル貯水池の中へゆっくりと水没し、開村後約1000年で消滅した。「周辺の27の村と1万6000ヘクタールの肥沃な田野、100ヘクタールの森林、多くのブドウ園や庭園も一緒に沈みました」と、バコタ生まれの観光ガイド、タラス・ホルブニャクはしみじみと語る。ありがたいことに、中世に創設された聖ミハイロ修道院の洞窟の中の独居室だけは消滅をまぬがれた。修道院とその周辺では、考古学者により墓や祭壇や石像などが発見されており、4000年前にもこの洞窟が信仰の場であった可能性が高い。

　現在、修道院は村の記念碑や観光名所としてだけでなく、司祭や宗派に縛られない自由な信仰の場として大切に守られている。洞窟の中には、正教会とギリシャ・カトリックのイコンが仲よく並んでいる。タラスはこの古い修道院を「信仰で人を分断しないという大義を守る国の重要な記念碑」と呼び、人々を魅了しつづけるスピリチュアルなパワースポットでありつづけることを願っている。

ポジッリャ地方

純粋な情熱

モトボール

「バイクに乗ってするサッカー」ともいわれるモトボール。選手は交代で操縦性のよいバイクを豪快に乗りこなし、砂利をまきちらしてエンジンをふかしつづける。ゴールキーパーだけはバイクに乗らず、シュートされた大きなボールに向かってダイビングする。ポジッリャ・モトボール・クラブは、カムヤネツィ＝ポジリシキー市でトレーニングを行っている。最年長でキャプテンを務めるのは、ヴォロディミル・ダニリャク選手。1968年に15歳でモトボールを始めて以来、この高速スポーツへの情熱は変わらない。1979年にモトボールのプロ選手としてカムヤネツィ＝ポジリシキー市へ移住。1981年には旧ソビエト

連邦のモトボール1部リーグで106ゴールを決めて得点王に輝いた。

　ウクライナ独立後、ポジッリャ・モトボール・クラブは何度も国内リーグ戦とカップ戦で優勝している。現在は純粋なアマチュアクラブとなり、主に会費と地元の財団などからの寄付金で運営費をまかなっている。1982年に建設されたカムヤネツィ＝ポジリシキー市の競技場で見せるクラブの試合は、いまなおプロ時代と変わらぬスピードと興奮に満ちている。このクラブに勝つことが、ウクライナの他のモトボール・クラブの目標でありつづけている。

ポジッリャ地方

村の芸術

ブカティンカ村

　ブカティンカ村は、絵のように美しいムラファ川のほとりの歴史が息づく地域にある。その土地の岩石の1つ1つが地球の悠久の歴史を物語り、数千年の時を経た芸術作品のような風景をつくりあげている。ブカティンカ村はかつて石材加工の中心地だった。オレクシーとリュドミラ・アリョーシュキン夫妻は、石材加工の伝統に惹かれ、1980年代に人口100人のこの村に移住してきた。ウクライナ全土で彫刻作品を発表しているこの芸術家夫妻は、数軒の空き家をリフォームして美術館をつくり、自らの作品と地域の工芸品を展示している。

ポジッリャ地方

歴史を生きる

カムヤネツィ＝ポジリシキー要塞

　カムヤネツィ＝ポジリシキー市はウクライナの古都の1つ。1919〜1920年にはウクライナ人民共和国（1917〜1920年に存在した短命国家）の最後の政府所在地だった。カムヤネツィ＝ポジリシキー要塞は、キーウ大公国時代（882年頃〜1240年）にはすでに、旧市街を囲むスモトリチュ川の蛇行部に建設されていた。現在の形になったのは、15世紀から17世紀にかけて改築や増築が繰り返されてからのこと。要塞の中は現在、〈カムヤネツィ＝ポジリシキー市軍事歴史協会〉の会員と要塞の責任者オレクサンドル・ザレムバの尽力によって、当時の住民と兵士の日常生活を再現した野外博物館となっ

ている。左の写真で赤いコートを着て、青いフェルト製のマヘルカ（17世紀に同市が属していた旧ポーランド王国の兵士の帽子）をかぶっているのがザレムバだ。彼は五感を通した歴史体験が重要だと考え、数年前に「生きている要塞」という名のプロジェクトを立ち上げた。このプロジェクトにより、要塞の入場者は当時の軍服を着た人々に出会ったり、伝統的な手法で陶器や弓やパンがつくられる様子を見学したりすることができる。まさしく、歴史体験と遊びが融合したアミューズメントパークだ。

カルパチア山脈

ウクライナの最高峰 ホヴェルラ山

標高2061メートルのホヴェルラ山はウクライナの最高峰。夏はハイカー
で賑わうが、冬は経験豊富な登山家しか登頂できない危険な山となる。

カルパチア山脈

持続可能な建築

自然素材でできたエコハウス

　ハリチナ地方の人々にとって、ウィンタースポーツの中心地であるスラウシケに行くことは、大人になるための1つの儀式だ。「学生はみな、ここで初めてスキーをしてロマンチックな思い出をつくる。太陽、雪、輝くモミの木……。リヴィウ市民にとってここは聖地の1つといっていい」。そう語るのはエドゥアルド・パストゥーフとオリハ・スハーの建築家夫妻。2人は、カルパチア山脈にあるこの聖地で、エコロジー建築をテーマにしたプロジェクト〈クリエイティブ・レジデンスMC-6〉を立ち上げた。藁、粘土、麻、原油、葦、木といった自然素材を使って、エネルギー消費を抑え環境に優しく持続可能な建物を実験

的に建設している。2人にとっての「エコロジー」とは、生活空間を最適化し、大切なものを保護し、不要なものを取り除き「情緒的な要素を保ちながら、現代文明の技術的利点をすべて活用して、古典的な建築の近代化を行うこと」だと言う。スラウシケには、クリエイティブ・レジデンスMC-6の建築物のほか、木と藁でできたエコハウス〈建築家の家〉も建設されている。「藁でできた精巧な繭」とも言うべき繊細な家の窓からは、すばらしいカルパチア山脈が一望できる。

羊毛で村がカラフルに

フツル人の毛織物リジュニク

フツル人が住む村、ヤヴォリウでいつ織物づくりが始まったのかは不明だが、その歴史は非常に長い。リジュニクと呼ばれる羊毛織物は人気があり、いまでも数百年前と同じ手法でつくられている。羊毛を紡ぎ、織り、水に漬けてフェルト化し、最後に片面または両面を梳いて柔らかくする。とりわけ人気が高いのは、ベッドカバーとシートマットとラグ。「私たちがこの仕事に情熱を注ぐのは、リジュニクが世界でも類を見ない珍しい伝統工芸品だからです。私たちは特別な人間ではありませんが、私たち以外にこの毛織物をつくれる人はいません」と職人のハンナ・コピリチュークは語った。

カルパチア山脈

狭軌鉄道

カルパチアのトロッコ列車

　人口3500人のヴィホダ村には、100年以上前から鉄道の始発駅がある。とはいえ、ミズンカ川の美しい渓谷沿いに敷設された750ミリメートルの幅しかない線路を走る車両は、鉄道車両というよりはミニ列車だ。カルパチア鉄道の歴史は産業の発展にともない、木材需要が高まった19世紀にまでさかのぼる。オーストリアのレオポルド・ポッパー男爵が（当時、ウクライナはオーストリア＝ハンガリー帝国に属していた）、自身の製材所と木材工場の間に鉄道を敷設したのがその始まりといわれている。第2次世界大戦後には、線路の総距離が180キロメートルにも達していた。現在は約80キロメートルに短縮され、木材を運搬するための森林鉄道としてだけでなく、山中の絶景を楽しむ観光鉄道としても利用されている。ツアーガイドのズヴィンカは、トロッコ列車が出発する前に乗客に向かってこう言った。「皆さん、ネガティブな考えや悩みはすべてホームに置いていきましょう。風に吹かれるように軽やかにいい気分で、さあ出発！」。

将来の夢

ヴァシーリと牛たち

「トレンビタの音は山中に響き渡ります」とヴァシーリ・キルモシチュークは微笑んだ。トレンビタとは木製のアルペンホルンのこと。かつては熊の襲来や火事、結婚式などの行事を知らせるために使われていた。「その文化を復活させたい」と語るヴァシーリは、ポロニナ・クリンタ（山の牧草地）の牛飼いの長。ここで牛たちは夏を過ごし、オーガニックチーズ用の乳を出す。12歳で牛を飼いチーズづくりのプロになったヴァシーリは、この仕事を心から愛し、「こんな田舎にもビジネスチャンスはある」と確信している。彼は仲間とともにビジネスを拡大し、ウクライナだけでなく国外でのチーズ販売を考えている。

手つかずの自然

マルマロシュ山

　朝日がマルマロシュ山をピンク色に染める。ルーマニアとの国境にある標高約2000メートルの山脈は、珍しい植物とブナやモミの原生林があることで知られている。

ブコヴィナ地方

冷戦時代の置き土産

パミール・レーダー基地

トムナティク山の山頂にある5つの白いドームは冷戦時代の置き土産だ。かつてここは、ソビエト連邦の極秘軍事レーダー基地〈パミール〉と呼ばれていた。標高1565メートルのルーマニア国境付近にあるこのレーダー基地は、1960年代から約30年間にわたり、回転式アンテナを使って黒海とバルト海の間に広がる広大なソビエト連邦領空を監視していた。現在は、絶景を堪能するハイカーたちの人気スポットになっている。ここで一夜を過ごす人も少なくない。

ブコヴィナ地方

地方大学のよさ チェルニウツィー国立大学

チェルニウツィー市の丘には、ブコヴィナ・ダルマティア府主教の館がそ
びえている。19世紀に建てられた、豪華なレンガ造りの建物3棟からな
るこの建造物郡は、ユネスコの世界遺産としても登録済み。その一部
は、第2次世界大戦後にユーリー・フェジコヴィチ・チェルニウツィー国
立大学の中央キャンパスになっている。

町の名誉のために

マリヤと扉

　イヴァノ＝フランキウシク市を散策しながら家々を見ていると、修復されたばかりの扉が目につく。どの扉にも「フランキウシク市の名誉のために」と書かれた小さなプレートが取り付けられている。この言葉はマリヤ・コザケヴィチが2016年に立ち上げたプロジェクトの名前。マリヤは以前から自分が住む町の歴史や歴史的建造物に興味があったが、「本当に大事なものは足元にあったんです」と茶目っ気たっぷりに話す。というのも、この町には、100年前と変わらない美しさを放つメトラッハ社製の装飾タイルを床に敷いた家々がたくさんあるからだ。ところが、そうした家のほとんどは廃屋だった。「美女

と野獣」とでも言いたくなるような不自然なコントラストがマリヤの胸をしめつけた。彼女の目標は、自分が立ち上げたプロジェクトで古きよきものをもう一度輝かせること。夫のユーリー、家具職人、鍛冶屋、ガラス工芸家、宣伝上手な賛同者たちに協力を依頼し、まずは家々の扉の修復に力を注いでいる。なぜなら、扉は「単にファサードの装飾ではなく、生活するうえでなくてはならないもの」で、誰もが家に入るときに接するからだ。

⬆装飾の多い扉を修復するためには、家具職人や石工など、何人もの
職人や芸術家の協力が必要になる。古きよきものの復旧にはさまざまな
専門知識が必要だからだ。

➡ステンドグラスの色付けなどの際には、細部にもこだわる。扉の色と
形を徹底的に調査してから修復を始めることが多い。

↗ドミノ効果。家の扉が昔の美しさをとり戻すと、それに感動した住人
が玄関まわりをきれいにし始める。

ハリチナ地方

リヴィウ市から世界へ向けたブランド大使
!FEST

　ウクライナには廃墟になった工場が多く、それらを近代的な文化施設に改装する動きがある。そのよい例がリヴィウ市の〈!FESTリパブリック〉だ。かつては製薬業界向けのガラスメーカー〈ハリチスクロ〉の工場があった場所に、2015年に!FESTリパブリックをオープンさせたのは、2007年設立のフランチャイズ運営・イベント企画会社〈ホールディング・オブ・エモーションズ〉だ。〈マゾッホ・カフェ〉や地下壕レストラン〈クリイウカ〉といった独創的な飲食店をウクライナ全土でフランチャイズ展開する同社は、リヴィウ市の世界的ブランド大使としての役割も果たしている。「ここに移ってきたときは廃墟でしかなかっ

た」。!FESTの共同創業者であるアンドリー・フドーとユルコ・ナザルクは、当時を振り返ってそう語る。2ヘクタールの敷地には現在、〈ホールディング・オブ・エモーションズ〉のオフィスとパン屋とクラブ!FESTのほか、アパレルブランド〈アヴィアツィヤ・ハリチニ〉の工房、オルタナティブスクール、出版社〈ヴィダウニツトヴォ・スタロホ・レヴァ〉がある。本棚をイメージしたビルは特に人目を引いている。

ハリチナ地方

王宮 オレシコ城

オレシコ城は、ハリチナ地方の古城の1つで、その城壁は13世紀から18世紀にかけてつくられたもの。この城は、かつてポーランドとリトアニアの国境に位置し、周辺で激しい戦いが繰り広げられた。その後、1629年にここで生まれたポーランド王のヤン3世ソビェスキの要望により王宮に昇格した。現在、城内にある美術館にはウクライナとヨーロッパの重要な文化財が収蔵されている。

ハリチナ地方

子どもの頃の夢を実現

スカルボヴァ・ホラ牧場

　「人生最高の思い出はアメリカ横断旅行だ」というオスタープ・ルンはかつて、リヴィウ市の繊維メーカーで働くビジネスマンだった。2012年に1カ月のアメリカ旅行を終えてウクライナに戻ると、人生でビジネス以上のものを築きたいと思い始めた。そして馬を飼い、馬に乗ることが幼い頃の夢だったと思い出し、リヴィウ市近郊にあるロプシュナ村のスカルボヴァ・ホラ（宝の山）で牧場経営を始めた。

　まずは馬小屋を建て、鞍を買い、そして最初の馬である種馬のトリスタンを飼育した。自然を最大限活かした環境に優しいオスタープの牧場では、現在、トリスタン

のほかに9頭の牝馬がいる。馬たちはほぼ1年を通して放牧地で過ごしている。牧場を訪れる観光客は山の中で乗馬を楽しむことができる。馬は個性的で誇り高い動物だから、オスタープは馬たちに自分の意思を決して押しつけない。「馬には命令するんじゃなくてお願いするんだ」。そう語るオスタープは、ボディランゲージで馬とコミュニケーションをとる方法を考え出した。馬の調教は、馬と人の間に相互理解が成立して初めて可能になる。最初の鞍を付けるまでに4年かかることもある。辛抱強く馬と向き合うことが必要だという。

生まれ変わった文化施設

フナト・ホトケヴィチ・カルチャーパレス

➡➡➡〈フナト・ホトケヴィチ・カルチャーパレス〉の大広間のシャンデリアが
かつての華やかさを物語っている。改装には多くの手間と時間がかかる。

　はじまりは、市民が集う文化施設を建設するために「スピリノコシュト」で寄付を募ったこと。「スピリノコシュト」とはいまでいうクラウドファンディングだ。リヴィウ市の労働者は10年間、給料の1%を文化施設建設のために寄付した。そのおかげで、ボーリング場やビストロ、映画館などを備えた豪華な総合文化施設〈フナト・ホトケヴィチ・カルチャーパレス〉が1938年に完成した。

　「クラウドファンディングは今日でもプロジェクトの重要な一部です」と言うのは、このカルチャーパレスの副館長、テチャーナ・プロダン。当時もいまも文化政策は市民に支えられている。テチャーナはコロナ禍の2020年に

おいても2回のクラウドファンディングを行い、新たなプロジェクトの資金集めに成功した。

　この施設は、1997年までは公益事業会社〈リヴィウ・エレクトロトランス〉の、現在はリヴィウ市の所有である。作家、音楽家、民族誌学者、政治家であったフナト・ホトケヴィチの名を借りて2018年に施設名を変更してからは、建物が改修され、流行を生み出すモダンな文化施設へと生まれ変わりつつある。ホトケヴィチの多才さを反映するように、民族舞踊、バレエ、音楽、演劇、美術展、ワークショップ、レクチャーなど多様な催しが行われている。

ハリチナ地方

300 台

ホルジーのハーディ・ガーディ

　リヴィウ市出身の彫刻家兼音楽家、ホルジー・スタルフの将来の目標は、300台のハーディ・ガーディをつくること。この数字には意味がある。ハーディ・ガーディとはウクライナで何世紀にもわたって親しまれてきた弦楽器だが、1930年代、ハーディ・ガーディ奏者をはじめとするウクライナの民族音楽家300人がソビエト連邦の国家政治局に逮捕されて処刑されたと言われている。当時の記録の多くが失われているため、この大量虐殺を証明する証拠はない。明らかなのは、その後ハーディ・ガーディの製作と音楽の伝統が消え去ったということだけだ。しかし、それから100年経った現在、ハーディ・ガーディの製作をゼロからスタートして最高レベルにまで高めたホルジーにより、民族音楽のルネサンスが起ころうとしている。「ハーディ・ガーディは民族音楽家の大量虐殺によって一度は未来を絶たれました。だからこそ、私はこの民族楽器の復活に貢献したいのです。300台のハーディ・ガーディをつくれば、私の使命は達成されます」とホルジーは語った。

ウクライナ西部

伝統的な祭り

マランカとコリャダー

⬆1月13日と14日に祝われる新年祭「マランカ」では、人々は伝統的な衣装や仮面を身に着ける。ルーマニアとの国境にあるクラスノイリシク町では、住民が熊や王の夫妻や農民に扮して行進する。

🔽「マランカ」は主にブコヴィナ地方で祝われる。写真は、マランカの衣装を身にまとったクラスノイリシク町の住人たち。

↑ クリヴォリウニャ村では、クリスマスの日にクリスマスソングを歌う人た
ちが教会の前に集まり、歌のリズムに合わせてバルトカ（フツル人の斧）
を振りまわしながら踊る。この習わしをコリャダーと呼ぶ。

↗ 衣装や仮面など、マランカの伝統的な仮装の仕方は地域によって異
なる。ハリチナ地方の村、コスマチュでは悪魔に扮装する人もいる。

ウクライナ北部

伝統工芸、
守られた自然、
被災地

チェルカーシ州中央部、ブキー村近郊にある美しい渓谷では、花崗岩の絶壁の間をヒルシキー・チキチュ川が流れている。

ヴォリーニ地方

緑に覆われた観光地
愛のトンネルから要塞まで

「緑の愛のトンネル（ここでキスをしたカップルは永遠に結ばれるという言い伝えがある）」は貨物列車が1日に1往復するためだけにある。森をつらぬいてクレヴァニ町とオルジウ町を結ぶこの鉄道路線は、ロマンチストや恋人たち、そして今関あきよし監督の恋愛映画『クレヴァニ、愛のトンネル』を観た日本人観光客の人気スポットになっている。

　ドゥブノ市近郊にあるタラカニウシキー要塞は、ロシア帝国とオーストリア＝ハンガリー帝国の国境警備のために19世紀後半に建設された。第2次世界大戦後、ウクライナ軍はここを食料やトラクターの予備倉庫として利用しようとしたが、湿気が多くうまくいかなかった。廃墟と化した要塞は今もウクライナ軍の所有だが、森に包囲されつつある。

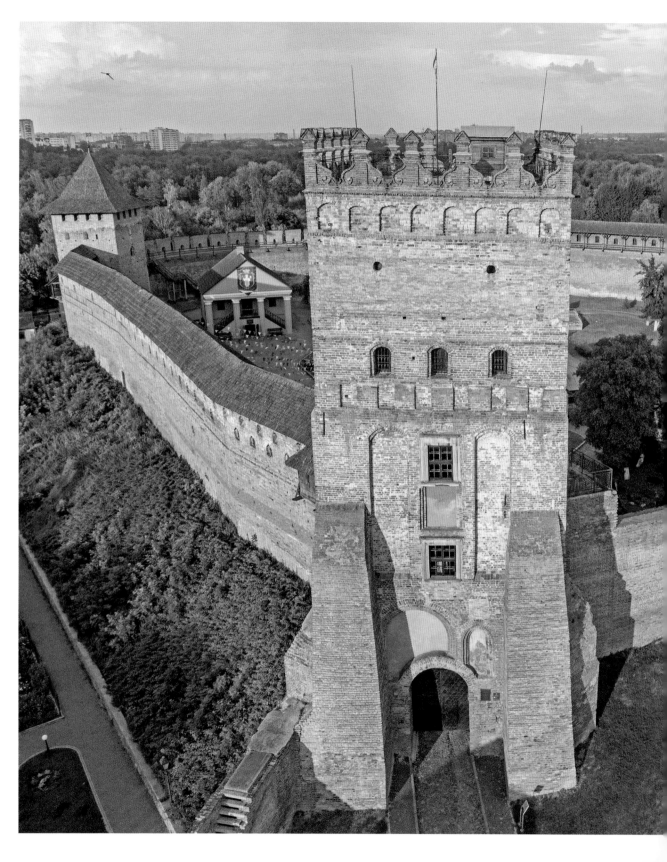

ヴォリーニ地方

不屈の城

ルーツィク城

　リューバルト城、通称ルーツィク城は、スティル川上流にある丘の上で約700年間ルーツィク市を見守ってきた。1000年近い歴史をもつこの町は、リトアニア大公国に属していた14世紀から16世紀にかけて繁栄した。保存状態のよい城壁の内側には、鐘の博物館と活版印刷の歴史博物館がある。

ヴォリーニ地方

学問のルネサンス

オストロフ・アカデミー大学

オストロフ市は学者に愛される町だ。1579年、コンスタンティ・オストログスキ公がここに、東欧初の大学であるオストロフ・アカデミー大学を設立した。1580年には、この大学で教会スラブ語に翻訳された聖書『オストロフ聖書』が初めて印刷された。だが、オストログスキ公とその息子たちの死後、大学は歴史に翻弄され影響力を失ってしまう。ウクライナの独立に伴い1994年にオストロフ・アカデミー大学は復活し、現在では国内屈指の大学になっている。

新たな道

村民のアイデアが実を結んだ村

　ホロホリン村の畑の横には大量の収穫カゴが積み上げられている。ルーツィク市近郊のこの村を繁栄させたのはイチゴと白菜だ。ほんの数年前まで、村は閑散としていた。稼ぎ口が少なく、住民の多くが季節労働者としてポーランドに出稼ぎに行っていたからだ。住民たちはそこで得たノウハウや経験を活かして村を復活させた。いまや季節労働者として他国で働くことはなくなり、村のほぼ全世帯が農業を営んでいる。ここでつくられた白菜やイチゴは国外にも輸出されている。

ポルタヴァ地方

オピシュネ町
陶芸の都

　19世紀から20世紀にかけて、オピシュネ町では3分の1の世帯が陶芸で生計を立てていた。ここには19世紀末から陶芸家の徒弟制度があり、20世紀初頭には著名な作家がオピシュネ陶芸の名を全国に広めた。この伝統工芸の技は今でも、陶芸家のオレクサンドル・シュクルペラ（上）や芸術家のヴァシーリ・オメリャネンコ（右）らに受け継がれている。ヴァシーリの作品はオピシュネ町の国立ウクライナ陶磁器博物館で見られるが、かつてドイツやアメリカ、中国の美術館に展示されたこともある。国立ウクライナ陶磁器博物館には、5万点を超えるウクライナ最多の陶磁器コレクションが収蔵されている。

ポルタヴァ地方

ルーツをたどる
ユルコとバンドゥーラ

「バンドゥーラを手にした日のことは忘れられません。チェルニヒウ製のバンドゥーラを50ルーブルで買ったのです」。ユルコ・フェディンスキーが初めてバンドゥーラの音を聴いたのは、生まれ育ったアメリカだった。それ以来、ウクライナ系アメリカ人である音楽家のユルコはコブサル（バンドゥーラの弾き語り奏者）として、ウクライナ音楽に情熱を傾けてきた。現在は家族とともにクリャチュキウカ村に住み、バンドゥーラをはじめとするウクライナの楽器を制作している。同じく音楽家である妻のマリヤや民族音楽グループ〈ドレヴォ〉と共演することもある。

市のシンボル

ポルタヴァ市のコルプスニー庭園

　緑のオアシスともいわれるコルプスニー庭園は、ポルタヴァ市の有名な古典的建築群に囲まれた円形広場の中にある。その中央には1811年のポルタヴァの戦いの記念碑「栄誉の柱」があり、そこに円形広場の主要な4本の道が合流している。

ポルタヴァ地方

民芸品にあふれる
レシェティリウカ村
オリハと絨毯
じゅうたん

レシェティリウカ村はウクライナの民芸品の宝庫。19世紀後半から、この村の絨毯と織物と刺繍の素晴らしさはウクライナ全土に知られるようになった。しかし、2005年に地元の工場が閉鎖されてからは、その伝統を主に受け継いでいるのは美術大学と、11人の織物師が働く〈ソロミヤ工場〉、そして芸術家一家のピリューヒン家だけだ。オリハ・ピリューヒナは、14歳で織物の技術を習得し、大学では刺繍と陶芸を学んだ。彼女が多くの時間とエネルギーと愛情を注いで制作する絨毯は実にユニークで、さまざまな展覧会や美術館で紹介されている。

森の金貨
野生の巣のハチミツ

クニャジウカ村のユーリーとテチャーナ・スタリンシキー夫妻と、ポリッシャ自然保護区の責任者であるセレジウカ村のセルヒー・ジラには共通点がある。彼らはともにウクライナの数少ない森林養蜂家だ。森林養蜂は、森の中にある野生のミツバチの巣からハチミツを採取する伝統的技術。ハチミツやミツロウは、かつて物々交換になくてはならないものだった。ハチミツ1コロダ（ウクライナで古くから使われている容量の単位）が、何世紀にもわたって通貨単位の役割を果たしてきたのだ。セルヒーによると、野生のハチミツは、小さな口吻で小花の花粉を集める「小さい灰色の毛むくじゃらのハチ（スレ

ポツニ）」か川の水辺にいる口吻の長い大きな黄色のハ
チがつくるらしい。女王バチやオスバチや働きバチなど
生まれたときから役割が決められているミツバチは、身
体から分泌物を出し、木の幹に穴を開けて巣をつくり集
団生活を送る。野生のミツバチのハチミツとプロポリス
とミツロウは毎年秋に採取され、良質な自然食品として
売り出される。

最高記録が集結

カッコウ電車

　アントニウカ町とザリチュネ村にはヨーロッパの最高記録が集まっている。両村を結んでいるのは、全長106キロメートルのヨーロッパ最長の狭軌鉄道。その列車はスティル川にかかる、これまたヨーロッパ最長の木製鉄道橋の上を走っている。100年以上の歴史をもつこの鉄道は、ヨーロッパ最古の狭軌鉄道でもある。地元の住民からは「カッコウ電車」や「ミニ電車」と呼ばれて親しまれてきた。青い湖と手つかずの松林が広がる美しい風景を車窓から眺めるため、世界各地から多くの観光客が訪れる。だが、最初から観光鉄道だったわけではなく、当初は周辺の森や湿地帯から木材や泥炭を運び出すための鉱山鉄道だった。1990年代の経済危機で貨物輸送が停止され、一時は路線廃止も検討されたが、この鉄道を唯一の交通手段とする地元住民の反対で廃線を免れた。しかし2020年、新型コロナウイルスの影響により「カッコウ電車」は運行停止を余儀なくされ、いまだに再開のめどは立っていない。

立ち入り禁止区域で

チョルノービリの帰郷者たち

チョルノービリ原子力発電所で世界最大規模の原発事故が発生したのは1986年4月26日の夜。プリピャチ市をはじめとする周辺地域の住民に避難指示が出されたのは、なんとその数日後だった。そのとき避難した住民のほとんどは二度とこの地に戻ることはなかった。だが少数ながら、放射性物質の危険があっても故郷で暮らしたいと考え、鉄条網で封鎖された立ち入り禁止区域に戻った人もいた。ウクライナ独立後はサモセリ（自発的入植者）として公式に認められたが、彼ら自身はこの呼び名を嫌っている。なぜなら、彼らは入植者ではなく帰郷者だからだ。

　クポヴァテ村に住むハンナ・ザヴォロトナは原発事故の6日後に事故発生と放射線の危険性を知った。一度は避難したが、数カ月後に夫と30人ほどの村人と村に戻ってきた。事故前は1000人が住んでいたこの村で、今でも庭で野菜や果物を栽培し、ニワトリを飼い、週に1度やって来る移動販売車から食料を買って生活している。この村には、祝日に村人が集まる習慣があり、手入れのいきとどいた墓地で死者に思いをはせながら食事をすることもある。原発事故現場の近くで数十年間にわたり帰郷者が元気に暮らしていることは、奇跡と言っていいかもしれない。

ポリッシャ地方

湖畔の楽しみ　花崗岩の里で

コロスティシウ市は質の高い花崗岩の産地として知られている。廃墟に
なった採石場には、水泳やロッククライミングを楽しむ人の姿もある。

岸と岸をつなぐ

渡し船を操るセルヒー

デスナ川はウクライナでも有数の大河だが、その沿岸にある小さな村や町は数隻の渡し船で結ばれているだけだ。都市部まで行けば橋もあるが、近道するために木製の渡し船を利用する人は多い。ソスニツャ町では、1990年代から、セルヒー・ドゥドコが同僚と交代で人や動物や車を向こう岸まで運んでいる。鋼鉄のロープで渡し船を操作するには、刻み目を入れた木製の道具を使って「引っぱったり、誘導したり、固定したり、離岸させたり」するための高度な技術が必要だと言う。

⬆静かにゆっくりとメジン国立自然公園のデスナ川を渡る渡し船。

シーヴェル地方

自然公園の番人

アンドリー・サハイダク

⇒⇒⇒人気のない道がミジュリチンシキー地域景観公園の森を貫いている。ヘラジカの生息数がウクライナで最も多い一帯だ。

1950年代、ドニプロ市とデスナ市の間に位置する20の村が軍事訓練地域に指定され、村民たちは立ち退きを余儀なくされた。そこは現在、総面積7万8000ヘクタールのウクライナ最大のミジュリチンシキー地域景観公園へと変貌を遂げ、2000種以上の珍しい動物や植物の安住の地となっている。2002年に自らの発案でこの公園を設立した森林学者のアンドリー・サハイダクは、2019年まで園長として働いた。湿原、砂丘、草原、森に生える樹木から、森に生息するヘラジカやオオヤマネコ、公園事務所に住みついたコウモリに至るまで、サハイダクは公園内の動物と植物をすべて知りつくしている。

タルノウシキー宮殿

　カチャニウカ村にあるタルノウシキー宮殿は、庭園に囲まれたウクライナ最大の古典主義建築の宮殿だ。1770年代、エカテリーナ2世の時代にウクライナ総督を務めたピョートル・ルミャンツェフ＝ザドゥナスキー伯爵の邸宅として建設された。

ブラキトニ湖

青い湖

　オレシュニャ村の近くにある4つのブラキトニ湖（青い湖）は、ガラス産業用珪砂の採掘場跡地に水がたまってできた湖沼群だ。湖面が濃い青色なのは、湖の底にある純白の砂が光を反射するため。湖水は透明度が高く、松の香りがただよう松林と美しい砂浜に囲まれ、ハイキングスポットとして人気がある。4つの湖のなかで最も大きい「大湖（ヴェリケ・オゼロ）」は、ハートの形に見えることから「ハート湖」とも呼ばれている。

まるで宇宙船

ヴォロディミルのエイリアンカー

　「人から『そんな風変わりなことはするな』と言われる
ようなことは、どんどんしたほうがいい」。そう言うのは、
ヴォロディミル・ヴァヴィロウ。マカリウ町に住む大工兼
ミュージシャンのヴォロディミルは、人々をあっと言わ
せる車がほしかった。だが、高級車を買うお金はない。
そこで、自分でつくることを思いついた。2015年には、
40年以上前にポーランドで製造された「ぼろぼろで錆
びついた」フィアット126を買い、その後、1992年製の
BMW730を購入し、後部にエンジンをもう1基搭載し
て2台の車を組み合わせた。チューニングはまだ終わっ
ていないが、すでに8本の排気管が取り付けられ、それ

ぞれがシリンダーに接続されている。夜間は2000個の
電球が車体を照らす。窓に目隠しフィルムを貼り外装に
はカメラも装備されているため、車内のモニターでそっ
と外の様子を観察することもできる。

　車の改造を始めたとき、ヴォロディミルの脳裏に浮か
んだのは宇宙船。そこで、350キログラムの金属線を
使って、機関銃を手にしたエイリアンのフィギュアを制作
した。3トンもの重さがあるエイリアンカーはドライブに
は不向きだが、モーターショーにしばしば招待され、ど
こに行っても注目の的だ。

上ドニプロ地方

水力発電 クレメンチューク貯水池

巨大な水力発電所を建設するために、1959年から1961年にかけて川がせき止められた。その結果、周辺の200以上の町と集落が湖の底に沈んだ。現在、スヴィトロヴォツィク市とポドロジュネ村はダム道路で結ばれている。

上ドニプロ地方

サクセスストーリー

ヤギとともに

　「一瞬一瞬を楽しんでいます。いまの仕事が大好きなんです」。そう言って、ヴィクトル・チルキンは微笑んだ。上ドニプロ地方では2000年代から、ヤギの飼育を復活させる農業経営者が増えた。彼らは〈黄金のヤギ〉、〈おばあちゃんのヤギ〉、〈ミセス・ヤギ〉といったおもしろい名前の家族農場を設立し、ヤギの飼育だけでなく、ヤギのチーズなど乳製品の製造や持続可能なグリーン・ツーリズムにも携わっている。ヴィクトルもそんな経営者の1人だ。ソビエト連邦時代、ヤギの飼育は採算が合わないとみなされ、人気がなかった。ヴィクトルはアメリカの大学を卒業後、農場経営者になる前はハルキ

ウ市の企業の代表取締役として働いていた。ところが、2015年に健康上の理由で退職を余儀なくされ、両親が住むスタヴィシチェ町に家族とともに移り住んだ。ヤギのチーズづくりのアイデアはヴィクトルの父親が思いついたものだが、息子を説得するのに時間はかからなかった。「ヤギのチーズは製造後2週間から半年の間、高い品質を保ったまま販売できる戦略的な商品です」とヴィクトルは説明する。現在一家は〈森の農園〉で約50頭のヤギとヒツジを飼育し、家族全員がヤギのチーズづくりを支えている。

上ドニプロ地方

新しいことにチャレンジ

伝統を守りつつ

↑聖ヘオルヒー（聖ゲオルギオス）教会は、1768年にアンドルシー村に建設された。1970年代、この村はカニウ貯水池の建設予定地に指定され、貯水池の底に沈むことになったが、この有名な木造教会は、ペレヤスラウ市のドニプロ川中流域にある野外民族建築・生活様式博物館に移設された。

↖2016年、デザイナーのオレクサンドル・ドロシェンコは、ワディムとドミトロ・ハウリレンコ兄弟とともに、ビラ・ツェルクヴァ市にギターメーカー〈ウニヴェルスム・ギターズ〉を設立した。彼らがつくる高品質のギターは一部の有名ミュージシャンの心をつかんだ。いまや同社はフェンダーやギブソンといった有名ギターメーカーと世界市場で競い合うまでに成長している。

上ドニプロ地方

大領主の豪邸

知られざる美

　大領主ダホウシキは、ウーマニ地方にソフィイウカ公園をつくったことで後世に名を遺した大貴族スタニスワフ・ポトツキに対抗して、1850年代にレシコヴェ村に中世イギリスの城を模して豪奢な邸宅を建てたといわれている。ソビエト連邦時代は軍の管理下に置かれ、病院や宿営地として利用された。ウクライナ独立後はウクライナ国防省が管理しているため、公的な許可証なしには建物の中には入れない。

ウクライナ東部

ひと足先に
戦争*がはじまった地域

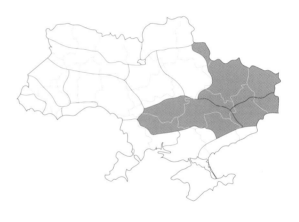

＊ ウクライナ東部のドネツィク州とルハンシク州で2014年から続くドン
　 バス戦争を指す。

ペトリキウカ村の民芸品センターの外壁には、ペトリキウカ塗りの装飾
が施されている。ペトリキウカ塗りは、2013年にユネスコの無形文化遺
産に登録された。

下ドニプロ地方とサポリッジャ地方

一致団結　家庭の味のソース

マルハリータとロマン・マルティノウ夫妻の子どもたちが畑で遊んでいる。マルティノウ家はジョウチ・ヴォディ市でソース工場を経営し、成功をおさめている。ロマンの両親が栽培するニンニクとミントとディルがソースの材料だ。

下ドニプロ地方とザポリッジャ地方

コサックの名の下に

ホルティツャ島

　工業都市ザポリッジャを流れるドニプロ川最大の中州はホルティツャ島と呼ばれ、手つかずの自然が残る人気の癒しスポットだ。森や湖や砂浜でくつろぐだけでなく、先史時代の礼拝所や船舶博物館やコサック歴史博物館を訪ね、歴史と文化に触れることもできる。ホルティツャ島は、かつてドニプロ川の急流域に住んでいたザポロッジャ・コサック発祥の地とされている。復元されたザポロッジャ・シーチ（コサックの軍事・行政の本拠地）は現在博物館となり、その中ではスタントマンたちが「自由戦士」の馬術や武術を披露し、500年以上にわたるコサックの歴史を伝えている。「コサックになるには必ずし

も強者である必要はない。腕力があっても臆病者なら無能と見なされた。決断力と勇気がある人間だけがコサックになれたのです」。そう語るのは、ホルティツャ島で調査・研究を行う歴史家ヴヤチェスラウ・ザイツェウ。ヴヤチェスラウによると、コサックの伝統は今日のウクライナにも残されている。「たとえばユーロ・マイダン（尊厳の革命、2013年11月～2014年2月）は国家に依存しない人々が組織化されて起きた反政府デモです。ザポロッジャ・シーチを牽引したコサック主義がそこでも見られました」と話す。

下ドニプロ地方とザポリッジャ地方

再び扉を開いた町 ドニプロ

ドニプロ川に浮かぶ「修道院の島」から見たドニプロ市のビル街。ツインタワーに日の光が反射している。ドニプロは人口約100万人のウクライナ第4の都市。ソ連時代には兵器・宇宙産業の中心地であったため、立ち入りが制限される閉鎖都市だった。いまではウクライナ有数の金融街になっている。

下ドニプロ地方とザポリッジャ地方

道をきわめた人々
芸術家とキュウリ農家

「子どもの頃から絵描きになりたかったんです！」と言うナタリヤ・リバクは、その夢を叶えた。彼女は現在、ペトリキウカ塗りの継承・発展のための芸術家コミュニティで活動している。豊かな色彩が特徴的なこの装飾芸術は18世紀にはじまり、今日ではウクライナのシンボルにもなっている。ペトリキウカ塗りでは、典型的なモチーフである植物と動物と田園風景が、型紙を使わずに細い筆と指で直接作品に描かれる。瞑想のような集中力が求められるという。

ドブロパソヴェ村は、1970年代からキュウリを集中的に栽培し、いまではキュウリの一大生産地として多くの

雇用を創出している。地域の生産者は密に連携をとって、同業者のネットワークをつくりあげた。40年ほど前から家族でキュウリを栽培しているヘンナジー・バランニクは、これまでの成果に満足するだけでなく、成長の余地を感じている。「収穫量を増やすために土壌分析を行ったりその結果に沿って栽培法を工夫したりと、常に学びつづけています」と語った。

下ドニプロ地方とザポリッジャ地方

独学者

陶芸家セルヒー・ホルバン

　　ドニプロ市出身のセルヒー・ホルバンは、本とインター
ネットから陶芸の技術を学んだ。子供のころから陶芸に
憧れていたが、正式な修業はしたことがない。30年前に
友人から一塊の粘土をもらって以来、セルヒーは陶器
をつくりつづけ、その情熱が実って陶芸家になった。現
在は地元のさまざまな粘土を使って、一点ものの作品を
制作している。独学で陶芸を学んだセルヒーだが、今で
はドニプロ市の中心部にある工房で若い陶芸家たちを
指導している。

下ドニプロ地方とザポリッジャ地方

ドニプロ川の自然保護区　カワウとその仲間たち

ザポリッジャ市を流れるドニプロ川にはドニプロ水力発電所とホルティ
ツャ島があり、その南には自然保護区に指定された島々が見える。鳥た
ちが憩うその島々には、カワウの巣が多く見られる。

スロボダ地方

前衛芸術

ハルキウの建築

➡➡➡1928年に完成したハルキウ市の建築群〈スローヴォ〉はCの文字をモチーフにしてつくられた作家のコミュニティハウス。Cはウクライナ語で「言葉」を意味するСлово（スローヴォ）の頭文字でもある。

人口数百万人の大都市ハルキウには、17世紀に建てられた教会とウクライナ最大のシナゴーグのほか、アールヌーヴォー、社会主義的古典主義、構成主義といった様式の建築物が立ち並ぶ。同市がウクライナ・ソビエト社会主義共和国の首都であり、社会変革の中心地でもあった時代（1919〜1934年）の文化遺産だ。

「私たちの町は長い間、革新的な建築を生み出してきた」。建築家のオレフ・ドロズドウは、仲間と共同で設立したハルキウ建築学校のウェブサイトにそう書いている。ところが「ソ連時代になると伝統的な街並みや生活様式はすっかり消えてしまった」。建物が本来の機能を失った典型的な例が、1929年に建てられたスローヴォ（「言葉」の意味）の建築群だ。1930年代にスターリン政権下で迫害を受けるまで、作家や芸術家はここで共同生活を送り、アイデアを交換しながら創作活動を続けていた。スローヴォ以外にもハルキウ・トラクター工場やその工員向けの実験集合住宅地など、後世に残すべき素晴らしい建築物がある。1928年に広大な自由広場に建てられた13階建てのソ連初の高層ビル〈デルシュプロムビル〉も、ウクライナの近代化のはじまりを象徴する貴重な存在だ。

スロボダ地方

空からの援助

民間航空パトロール

　ユーリー・ポクサイは、個人が自主的に社会貢献することで、ウクライナをより良い方向に転換できると信じている。ユーリーは2016年、祖国を支援するためにNGO〈シヴィル・エア・パトロール〉を設立した。きっかけは2014年のユーロ・マイダンの革命とロシア軍によるウクライナ攻撃だった。NGOのメンバーはプロもしくはアマチュアのパイロット。救難機パイロットとして、ボランティアで地域のけが人や病人の救出、上空からの安全監視、国境警備の支援や士官候補生の訓練を行っている。全員が自家用機で活動し、それぞれの機にはハルキウ州の強力な空軍を誇りにしていたウクライナ人民

共和国の紋章が付いている。ウクライナ人民共和国は、1917年に建国されたウクライナ初の国民国家だ。1920年に赤軍（ソビエト軍、ボリシェヴィキ軍）の侵攻によって消滅した。2022年のロシアの軍事侵攻以来、シヴィル・エア・パトロールの4つのグループは、ハルキウ州の戦地で陸軍の第92旅団と協力しながら自国の防衛に積極的に取り組んでいる。NGOで訓練を受けた士官候補生たちも、いまでは戦闘機のパイロットとしてウクライナの領空を守っている。

スロボダ地方

コミュニケーション
宇宙、そして先住の人々

　2040個のダイポールアンテナからなるUTR-2は、太陽と木星、土星からの電波を測定するためにつくられた、「宇宙の耳」ともいえるT型電波望遠鏡だ。宇宙からの信号をより正確に受信するために、ウクライナの他の地域に置かれた4台の電波望遠鏡にも接続されている。

　UTR-2から450キロメートルほど北にはノヴァ・スロボダ村がある。村民のルケリヤ・コシェレヴァがいつものように隣人と立ち話をしている。2人とも少数民族のホリュン人で、ウクライナ語とロシア語とベラルーシ語が混ざった言葉を話す。ホリュン人の言語と同じくらいユニークなのが、複数の声部からなる彼らの民謡だ。

ドネツィク地方

戦争と隣り合わせの
陶磁器づくり

スロヴヤンシクの陶芸家たち

　人口約10万人のスロヴヤンシク市には粘土鉱脈があり、昔から陶磁器づくりが盛んだ。ここで陶磁器づくりがはじまったのは19世紀。20世紀になると、多くの企業が進出し、タイルや碍子（がいし）や衛生陶器や家庭用陶器などを生産してきた。だが、何万人もの雇用を創出してきた陶磁器メーカーも、2000年代には経済危機の影響で倒産してしまう。それ以来、スロヴヤンシクでは小さな陶器工房だけが伝統産業を引き継ぎ、地域固有の赤と白の粘土を使って食器や花瓶や土産物などを制作している。そうして生き残ったスロヴヤンシクの陶器工房の経営は、2014年にドンバス戦争が起こるまでは順調だっ

た。だが戦争によって、ドネツ盆地のロシア国境に近いスロヴヤンシクは約3カ月間ロシアの準軍事組織に占領され、大きな被害を受けた。それだけではない。多くの工房が荒らされ、破壊された。数千あった工房のうち、いまだ数百しか再開できていない。2022年のロシアによるウクライナ侵攻がはじまって以来、町はロシア軍からの砲撃を受けつづけている。

ウクライナ南部

海と川が形づくる
南方の風景

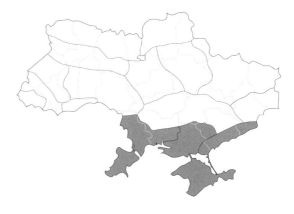

絵のように美しい南ブーフ川は、ブジキー・ハルド国立自然保護区の大自然の中を流れている。なかでもミヒヤ村付近の急流は、水辺を愛する人々を惹きつける。

アゾフ海沿岸地方

野性の大草原

アスカニヤ＝ノヴァ

　総面積333平方キロメートルのアスカニヤ＝ノヴァ
は、世界で初めて生物圏保護区に指定された、ヨーロッ
パ最大のステップ（草原地帯）。何千種もの動植物の安
息地だ。ここには多種多様な鳥のほか、野生のプルジェ
ワリスキーウマ、アメリカバイソン、シマウマ、シカ、レイヨ
ウなども生息している。約30年前からこの生物圏保護
区の責任者を務めるヴィクトル・ハウリレンコは、この自
然の原始的な美しさを愛し、未来を憂慮する。「世界は
いまこそ生物多様性の保全システムを確立しなくてはな
りません。地球の未来は自然を守ることの大切さを現代
人にどれだけ伝えられるかにかかっています」と、教育の
必要性を訴えている。

アゾフ海沿岸地方

可能性に満ちた都市

マリウポリ

　マリウポリ市のシンボルは、港湾クレーンの長いアームと工場から出る産業廃棄物の山だ。アゾフ海に面した人口50万人弱のこの港湾都市では、かつて5人に1人が地元の工場や製鉄所や製鋼所で働いていた。だが2014年、ウクライナ東部でロシアとの紛争が起こると、マリウポリ市は親ロシア派とロシア軍に占領されてしまう。町はすぐにウクライナの治安部隊によって取り戻されたが、以来、重工業は苦境に立たされている。そのため、マリウポリ市は産業構造の変化に対応できるよう、国から援助を得てコワーキングスペースや文化施設といった新たなインフラ・プロジェクトに投資し、新分野の

開拓と雇用の創出に努めている。そのおかげで、ドネツィク州からの避難民だけでなく、自らの創造性を活かしてマリウポリ市の変革と復興のために尽力したいと考える人が集まるようになった。新旧の住民にとって「チャンスの街」になったのだ。

色の魅惑

ヘニーチェスク湖の塩湿地

クリミア半島の東海岸にあるアラバト砂州は、湾と干潟からなる腐海とアゾフ海を隔てる細長い砂州。その北側にあるヘニーチェスク湖の浅瀬は19世紀末から塩田として利用されてきた。1本の水路で腐海とつながっているこの湖の塩分濃度は、最大で水1リットルあたり150グラムになる。太陽熱を利用して蒸発池の水分を徐々に蒸発させると、塩水が飽和濃度に達し、塩が結晶化する。その際にβカロテンを生成する単細胞藻類が大発生するため、水の色が赤く見えるのだ。

夏の訪問者

ドナウ・デルタのペリカン

　ヨーロッパ最大の三角州、ドナウ・デルタ生物圏保護区はルーマニアとウクライナの国境付近に位置している。毎年春になると、数千羽のモモイロペリカンがやってきて巣づくりと子育てをするが、9〜10月には冬の寒さから逃れようとアフリカへ飛び立っていく。ドナウ・デルタには約325種の鳥が生息しており、モモイロペリカンはニシハイイロペリカンと並んでデルタ最大の鳥といわれている。

ベッサラビア地方

運河の街

ヴィルコヴェ

　ヴィルコヴェ市は、ドナウ川が黒海に到達する地点、いわゆるゼロキロポストに最も近い町だ。ドナウ川の河口部の最端にあるこの町は、ルーマニアとの国境沿いに位置し、巨大なドナウ・デルタの中にある。町にはイェリクと呼ばれる運河と小川が縦横無尽に走り、水辺の町というより水中の町といえる。残念ながら、その多くは埋め立てられて道路に変わりつつあるが、モーターボートや手漕ぎボートはいまでも町の重要な交通手段である。

ベッサラビア地方

野外博物館とビジネス

パラリィェウ家がつくった村

➡➡➡フルムシカ・ノヴァ村には、世界で最も高い羊飼いの像がある。
その横に猟犬の像を建てることも計画中だ。

ルーマニア人、ウクライナ人、ブルガリア人、ガガウズ人……。ドニステル川とドナウ川と黒海の間にあるベッサラビアの草原では、何世紀にもわたって多くの民族が共存してきた。この土地に長年住んできたパラリィェウ家もモルドバ共和国にルーツがある。一家はフルムシカ村の出身だが、同村は1946年に戦車の訓練場となったことから、住民は立ち退きを余儀なくされ、ついには故郷が消滅した。その60年後、実業家のオレクサンドル・パラリィェウが新しいフルムシカ村（フルムシカ・ノヴァ）をつくり、ヨーロッパ最大の羊牧場とワイナリーを建設した。一家にとってそこはモルドバの伝統を受け継ぐ場

所となった。その後、ルーツの異なる家族が次々と農場
をつくったことから、フルムシカ・ノヴァは「ベッサラビア
の多民族村」として発展した。世界最大の羊飼いの像
や数十匹の羊の彫刻などが置かれ、村は野外博物館に
生まれ変わる。ゲストハウスも併設され、いまや観光名
所だ。

　オレクサンドルにとって「フルムシカ・ノヴァは趣味で
はなくビジネス」だ。ウクライナでは珍しい社会主義リア
リズムの野外博物館も建設された。緑地の真ん中に、
町から撤去された旧ソ連時代の共産主義を賛美する
彫像や記念像が100体以上展示されている。

レーニン、スターリン、ブレジネフ、チカロフ、キーロフ、
チャパーエフなど、台座に置かれた歴史上の人物たち
が大空の下、ベッサラビアの大草原を眺めている。

ベッサラビア地方

大自然の中で
国立トゥズリ潟湖公園

「大自然の中で働くのは最高です」。そう語るのは、灯台守のヴィクトル・サカラ。毎朝早くに灯台にのぼって仕事をはじめると、静寂の中にこだまする鳥の鳴き声に感動するという。灯台は国立トゥズリ潟湖公園内のマリー・サシク潟湖とジャントシェイ潟湖のほとりに建っている。2010年、ドニステル川とドナウ川の間に位置する総面積約280平方キロメートルの潟湖（沿岸部にできるラグーンの一種）群が国立公園に指定され、オデーサ市西部の黒海沿岸の合計13湖が保護されている。国立公園の中核をなすシャハニ潟湖、アリベイ潟湖、ブルナス潟湖は湿地の保存に関する国際条約〈ラムサール条

約〉の対象でもある。公園内には約60種の魚、約40種の哺乳動物、300種以上の鳥が生息している。ルスラン・ルパシュコをはじめとする自然保護官は、毎日午前5時と午後5時から数時間かけて公園内をパトロールするが、密猟・密漁者が急増する8月から10月の狩猟・漁業シーズンはパトロールが強化されるために休みなく働いている。

プリマドンナ

ウトコノシウカ産のトマト

➡ ➡ ➡ウトコノシウカ村から数キロメートル離れたドナウ川でカヤック
を漕ぐ人々。ここがドナウ・デルタの入り口。

　ウトコノシウカ村は18世紀にモルドバの農民によって
ひらかれ、1947年まではエルデック・ブルヌ（トルコ語で
「アヒルのくちばし」の意）という名で呼ばれていた。カ
トラブフ湖のほとりにあるこの村は、空から見ると確か
にくちばしのような形をしている。だがそれ以上に目を引
くのは、日の光を反射する無数のビニールハウスで、碁
盤の目状の道路網の間にひしめき合うように並んでい
る。人口4000人のウトコノシウカ村では「住人のほと
んどが温室をもっている」とハリーナ・ミハイロヴァは言
う。村は1960年代から野菜の生産に力を入れ、特にト
マトのハウス栽培が急速に発展したことで、ベッサラビ
アの〈トマト・ナパバレー〉とも呼ばれるようになった。ハ
リーナによると、生産者1人につき5000〜2万株のトマ
トを育てているという。収穫されたトマトは主にオデー
サ市で販売される。特に先端がくちばしのようにとがっ
ている〈プリマドンナ〉という品種が人気だ。「強い甘み
が特徴の絶品トマトで、ウクライナ全域から注文が殺到
しています」と、ハリーナは誇らしげに語った。

タウリヤ地方

揺るぎない美しさ

アジホリシキー灯台

黒海沿岸のドニプロ川の河口にできた潟湖の真ん
中に、トンボの羽のように優雅なアジホリシキー灯台が
建っている。高さ64メートルとウクライナで最も高いこ
の灯台は、1911年にロシアのエンジニア兼建築家兼科
学者のウラジーミル・シューホフによって設計され、彼の
代表作の1つになった。そのしなやかな双曲面構造は、
数千本のボルトで接合されたた60本の山型鋼を駆使
したもの。灯台中央の支柱の内側には、灯台守の部屋
に続く螺旋階段が設けられている。軽量で耐候性に優
れた構造のおかげで、アジホリシキー灯台は100年以
上も黒海と潟湖の安全を守っている。

長い歴史

南の奥地

　セヴァストーポリ市では、夕日を背に、人々が黒海沿岸の遊歩道を散歩している。約2700年前にこの街を築いたギリシャ人たちもこの黒海の眺めを楽しんだにちがいない。アンドリー・ロプシンシキーは、セヴァストーポリ市から約350キロメートル北にあるホルティツャ国立保護区で調査を行う研究者。ヘルソン市近郊にある遺跡〈カミャンカ・シーチ〉でコサックの歴史を研究し、自身の髪型までコサック風にしてしまった。指と馬毛の房で演奏するコサックの伝統的な太鼓〈ブハイ〉をつくることができる貴重な人物の1人でもある。

タウリヤ地方

ともに流れる ドニプロ川と南ブーフ川

ドニプロ・ブーフ潟湖は、黒海の北西沿岸にある最大の河口だ。岸辺に
は粘土と砂でできた高さ約40メートルの崖がそびえている。

ともに暮らし、体験する

中庭のコミュニティスペース

オデーサ市の集合住宅には美しい中庭がたくさんあり、住民のコミュニティスペースとして活用されている。2019年に教育プログラム〈地域コミュニティ文化スクール〉を仲間とともに設立したドミトロ・コウバシュクは、中庭に遊び場や花壇やイベントスペースを設けて出会いの場をつくり、地域のコミュニティづくりに努めている。「まずは中庭を、話し合いの場や夢を叶える場やアイデンティティを共有する場につくりかえ、コミュニティ内に寛容さと団結心が芽生えるように工夫しました。国家は小さなコミュニティの集合体です。小さなコミュニティが強くなればなるほど国家も強くなる。それを私たちは

この3年間で証明したのです」と、ドミトロは語った。

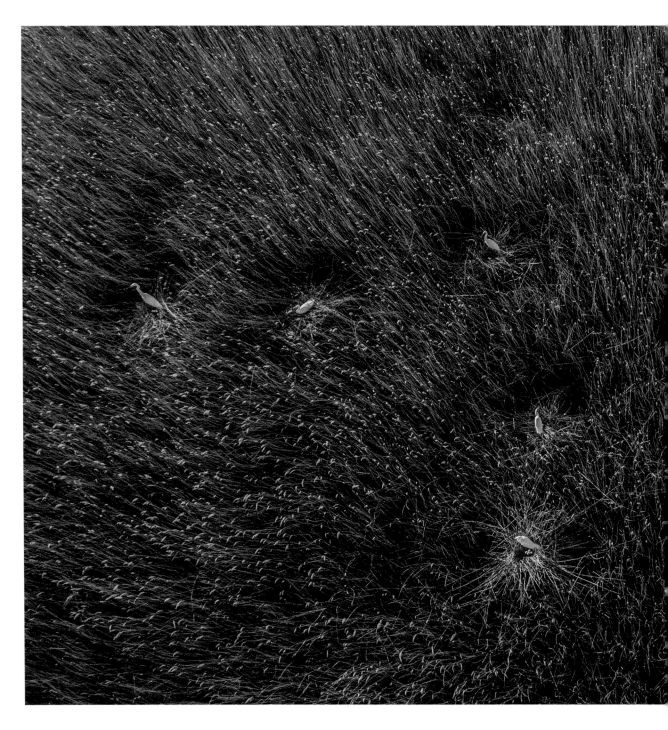

タウリヤ地方

安全な巣で子育て キンブルン半島のシラサギ

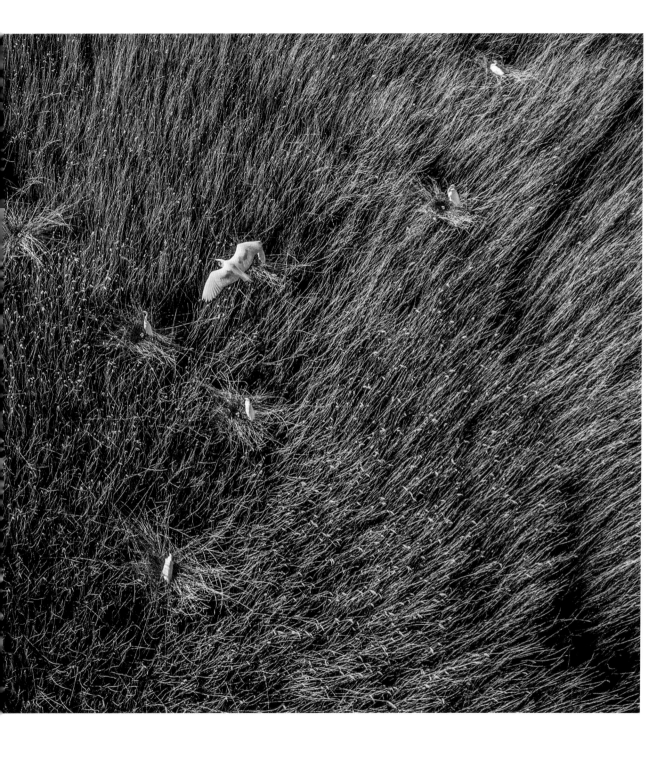

キンブルン半島の砂州では、シラサギが葦原（あしはら）の中に巣をつく
る。この大型の美しい鳥はウクライナのさまざまな地域に巣をつくり、ド
ナウ川流域やクリミア半島で冬を越す。

タウリヤ地方

刺繍モチーフの家
石造りのヴィシヴァンカ

ノヴァ・カホウカ村は、1952年にカホウカ発電所の労働者のためにつくられた村だ。一見何の変哲もない集合住宅地には意外な見どころがある。開村から1955年にかけて、芸術家のフリホリー・ドウジェンコが、ウクライナの伝統的な刺繍〈ヴィシヴァンカ〉をモチーフにした装飾細工を180軒の建物の壁に施した。この「石造りのヴィシヴァンカ」は防弾性のある漆喰でできているために保存状態がとても良い。2011年以降、〈ノヴァ・カホウカ村文化遺産保存協会〉という名の団体が、このたぐいまれな「壁の刺繍」と村の景観の保存に取り組んでいる。

タウリヤ地方

半島の楽園

キンブルン

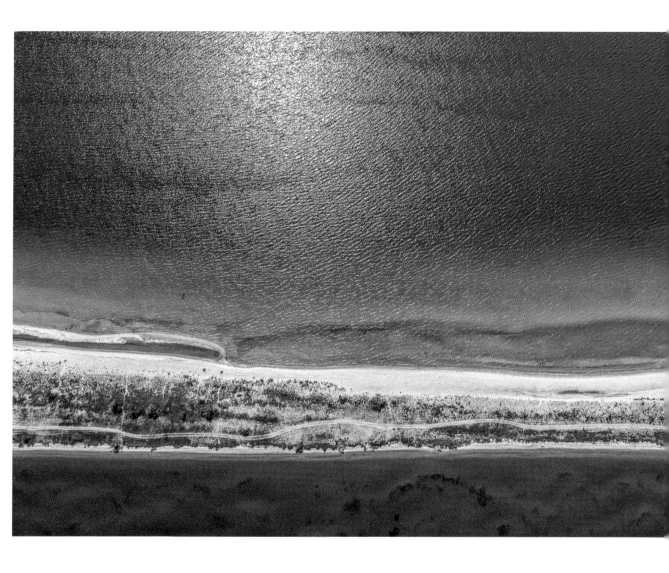

　ドニプロ川と南ブーフ川が潟湖を通って黒海へ流れ
こむところに、キンブルン半島がある。半島の先端に位
置する砂州は両側に大きく広がり、オチャキウ市を対岸
に臨む北側では、砂州が1本の長い筋のように伸びてい
る。その突端は徐々に細くなり、最後は水中に入りこむ。
河口にある潟湖と海水は明らかに色が異なり、海面に
は幅数メートルの色の境界線が見られる。全長約45キ
ロメートルの半島の大部分は自然保護区に指定され、
塩湿地、草原、砂地、海岸、森林、約1000の塩湖、淡水
湖が美しい景観を織りなしている。そこには約600種の
植物、74種の魚、45種の哺乳類、30種の鳥、4000

種の昆虫など多種多様な生物が生息している。半島と
砂州は移動中の渡り鳥が休憩をとる重要な中継点でも
ある。

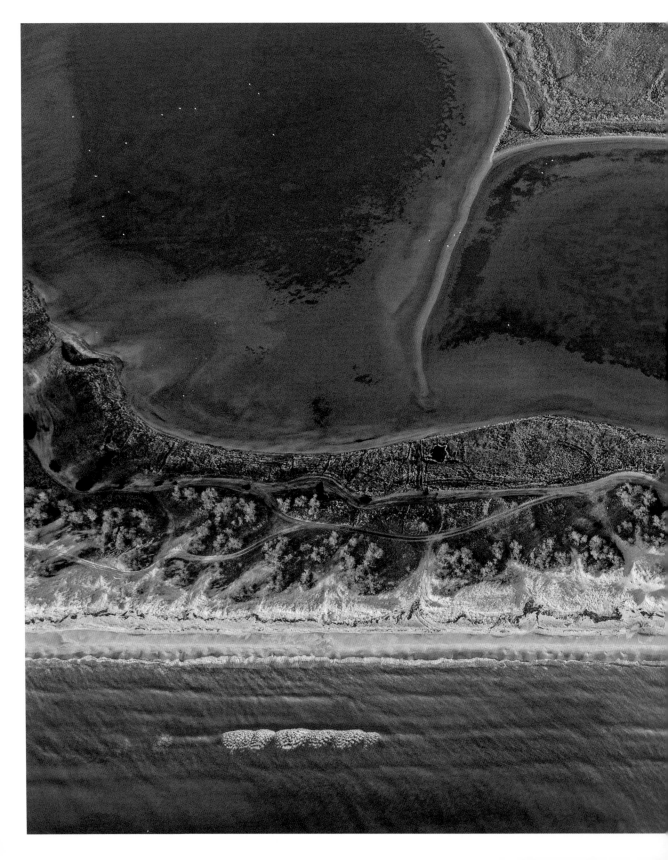

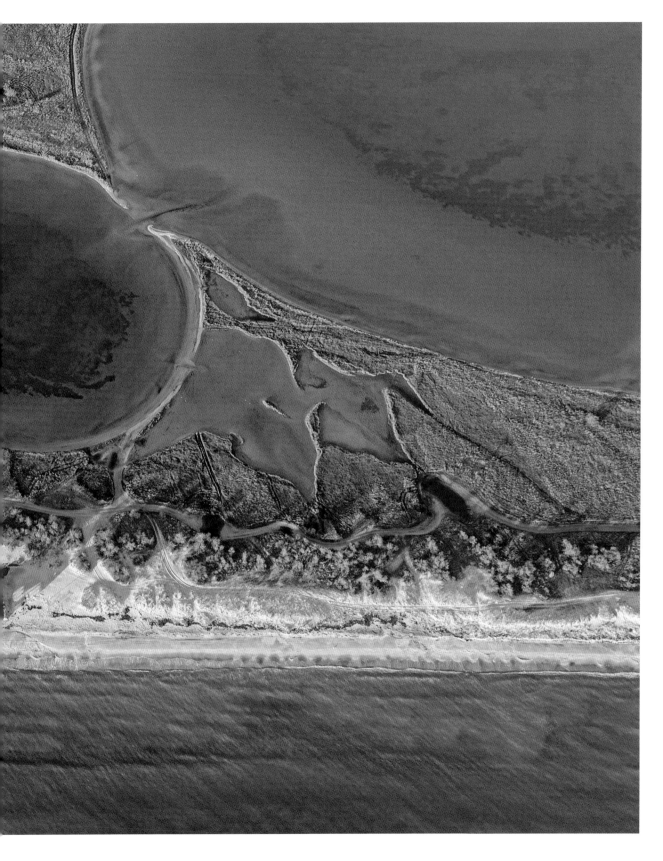

タウリヤ地方

水が豊富な土地
海のそばで

➡➡➡水が豊富な南部では、魚釣りを趣味にする人が多い。黒海沿岸地方のベイクシュ潟湖も人気の釣り場の1つ。

　黒海に浮かぶジャリルハチュ島は、面積56平方キロ
メートルのウクイナ最大の無人島だ。その一部は国立
自然公園に指定され、大自然が保護されている。
　ヘニーチェシク市近郊では、夕日が水面を黄金色に
染めている。アゾフ海沿岸のこの街の近くには「ウクライ
ナの死海」と呼ばれる腐海がある。腐海とアゾフ海を隔
てるアラバト砂州では巨大な砂浜が延々と続き、療養
用の温泉もある。

黒海沿岸地方

過去の偉業

オリヴィヤ

　古代ギリシャの政治理論家であるミレトスのヒッポ
ダモスは、調和のとれた都市づくりをしたことで有名だ
が、かつてここにはヒッポダモスが手がけたとされる都
市が存在した。残念ながら、オリヴィヤという名のその
都市国家の建造物は残されていない。建造物は取り壊
され、石材が新たな建築資材として再利用されたから
だ。だが遺跡からは、南ブーフ川のほとりにあった古代ギ
リシャの都市の構造が容易に推測できる。道を挟んで
100×40メートルの区画がいくつもつくられ、建物や広
場や市場があった。中心部には集会広場〈アゴラ〉があ
り、その近くには中央市場、劇場、競技訓練場、裁判所、

議会、寺院からなる中央地区があった。古代の共同墓地
〈ネクロポリス〉は城壁の外につくられていた。

　紀元前6世紀に古代ギリシャ人がオリヴィヤに泥の
小屋を建てたのがこの町のはじまりだが、その後、交易
の中心地として栄えた。やがて総面積50ヘクタールの
都市国家となり、紀元前5世紀から紀元前3世紀にかけ
て最盛期を迎え、長い衰退期の後、4世紀に滅亡した。
18世紀に古代集落として再発見されるまでは完全に忘
れ去られていたが、現在は国立公園に指定され、世界
各国の考古学者がここで遺跡を研究している。

最高の水質!

ティリフル潟湖

　コブレヴェ村を見渡すと、ティリフル潟湖のほとりに1台の車が停まっていた。その潟湖は砂州を貫く1本の水路を介して黒海とつながっている。全長60キロメートルのティリフル川の河口域の沿岸部には、多くの貴重な生物種が生息する国際的に有名な沼地と塩湿地があるだけでなく、ウクライナ南部最大の草原や叢林も見られる。水質が良いと評判のティリフル潟湖の底の泥は「癒しの泥」と呼ばれ、神経や皮膚や筋骨系の治療に使われる。潟湖の周囲で青銅器時代後期の集落が発見されたことからもわかるとおり、数千年前から人々はこの地に惹きつけられてきたのだろう。

黒海沿岸地方

自然が生んだ奇跡

アクトヴェ渓谷

　自然風景保全地区〈ブーフ川沿いの花崗岩の草原地帯〉は2008年、専門家会議と市民によるインターネット投票で〈ウクライナの自然七不思議〉の1つに選ばれた。その美しい草原地帯の見どころは総面積250ヘクタールのアクトヴェ渓谷。南ブーフ川へと注ぐメルトヴォヴォド川の流れによって、アクトヴェ村付近の花崗岩が50メートル掘り削られ、渓谷ができたといわれている。珍しい動植物が生息し美しい滝と雄大な断崖をもつこの渓谷には、伝説や謎も多い。専門家によると、アクトヴェ渓谷はユーラシア大陸最古の地層にあり、その古さも岩石の質もアメリカのグランドキャニオンに匹敵するという。

黒海沿岸地方

古きよき町

農地開拓

➡➡➡黒海沿岸にあるオデーサ港から出航する貨物船。

オデーサ市の優雅なプリモルシキー大通りで、古代ローマの元老院議員が着ていたようなトガ（古代ローマで身に着けられていた一枚布の上着）をまとったリシュリュー（オデーサの町づくりを行ったフランス人アルマン・エマニュエル・リシュリュー）の像が朝日を仰ぎ見ている。その像の下から、町のシンボルとして世界的に有名なポチョムキン階段が海に向かって伸びている。

オデーサ市から70キロメートル離れたトロイツケ村では、パウロ・トゥルバが共同農場の畑にポチョムキン階段のようにまっすぐな畝をつくり、ウクライナでは珍しく、ヘーゼルナッツやクルミやローズヒップを栽培してい

る。パウロは仲間たちとともに、ナッツの木の根に菌を植えつけてトリュフを栽培するというウクライナ初の試みにも挑戦している。最近、第1回目の菌の植えつけを終えたところだという。

各地域について

アゾフ海沿岸地方

アゾフ海に面するウクライナ南東部の地域。クリミア半島からロシア国境まで横長に広がっている。地域最大の都市であるマリウポリ市が文化と工業の中心地。ギリシャ系少数民族(通称マリウポリ・ギリシャ人)も住んでおり、工業地帯にもかかわらず保養地も多い。ヘニーチェシク湖は塩田として利用されている。アスカニヤ=ノヴァは世界で最初に生物圏保護区に指定された草原地帯。アゾフ海沿岸には灯台がいくつかあり、港湾インフラが整っている。

ヴォリーニ地方

ウクライナ北西部の地域。プリピャチ川と西ブーフ川に挟まれ、西部はポーランドと国境を接している。リューバルト城、オストロフ・アカデミー大学、タラカニウシキー要塞、クレメネツィキー城など数多くの文化遺産がここに保存されている。ルーツィク市とリウネ市の2大都市がある。教育と美術館と国際芸術祭が地域の発展を支えている。

上ドニプロ地方

ドニプロ川沿いの谷間に位置する、ウクライナ中央部の地域。水量豊富な河川と肥沃(ひよく)な土壌に恵まれた平野であることから、昔から定住者が多く、近代のウクライナの発展に貢献してきた(たとえば、この地方の方言が現代ウクライナ語の土台となっている)。森林や景観公園や岩場の多い渓谷があり、観光客はここで自然を満喫する。紀元前のスキタイの墳丘墓や集落、中世の教会や修道院、壮麗な宮殿や邸宅など、さまざまな時代の文化遺産や自然遺産が見られる。農場経営者から楽器を製造する人や車を改造する人まで、多種多彩な人たち

がこの地域で暮らしている。

カルパチア山脈

中央ヨーロッパ東部で数カ国にまたがる山岳地帯の一部を含む地域。ポーランド、ルーマニアと国境を接し、レムコ人、ボイコ人、フツル人の3つの山岳民族が暮らしている。大都市から離れた山間地のため、伝統や文化が純粋な形で引き継がれている。ウクライナの高峰、数多くの自然保護区、景観公園、人気のハイキングルート、スキー場、温泉地などがある。高度な技術を要する手工業や織物業が盛んであるとともに、昔ながらの製法でチーズがつくられ、パンが焼かれ、民族衣装や民族楽器も制作されている。

キーウ

ウクライナの首都。人口数百万人のウクライナ最大の都市として、経済、教育、文化の中心地。ヨーロッパ有数の古都の1つで、その歴史は5～6世紀にさかのぼる。ウクライナ北部のドニプロ川上流の両岸に位置し、ポリッシャ地方と上ドニプロ地方に隣接している。発展と成長を続けるこの大都市には全国から人が集まり、数多くのクリエイティブなプロジェクトが展開されている。各地方のよいところを取り入れ、新しい形でまとめる折衷主義が現代のキーウ文化を形づくっている。

黒海沿岸地方

黒海の北海岸線に広がるウクライナ南部の地域。オデーサ市とミコライウ市の2つの大都市がある。ウクライナの港のほとんどがこの地域に集まっている。草原、森林、岩石、潟湖、葦原、砂州が混在する自然豊かな地

域。船やカヤックの製造が盛んで、ヨットクラブがあり、ラフティングの大会も催される。パルティネ村の近郊ではギリシャ人がつくった古代の都市国家、オリヴィヤの大規模な遺跡が見られる。アクトヴェ渓谷、ブジキー・ハルド国立自然保護区、ティリフル潟湖、鳥類保護区などが観光名所になっている。

ザカルパッチャ地方

カルパチア山脈の南端のティサ川流域にある、ウクライナ南西部の地域。ポーランド、ハンガリー、スロバキア、ルーマニアと国境を接している。文化と民族の多様性がこの地域の特徴で、それは伝統や祭りにも反映されている。古城、エコツーリスト向けのゲストハウス、馬牧場、酪農場、ワイナリー、ウクライナ最大の森林湖であるシネヴィル湖などがある。中心都市はウジホロド市。

シーヴェル地方

デスナ川流域に位置する、ウクライナ北部の地域。最大の都市はチェルニヒウ市。古代、コサック時代、古典主義時代の文化や自然遺産が数多く遺されている。

建造物の文化遺産としてはカチャニウカ村の伯爵邸やソキリンツィ村のハラハン宮殿が有名。オレシュニャ村の近郊には採砂場跡地に水がたまってできた透明度の高い湖群がある。ヨーロッパで最も水質のよい大河の1つといわれるデスナ川では、今でも渡し船が利用されている。

下ドニプロ地方とザポリッジャ地方

ドニプロ川流域に広がる、ウクライナ中央部の地域。ドニプロやザポリッジャといった大都市のある工業地帯で、露天掘りのクリウバス鉄鉱石採掘場付近では産業観光(歴史的・文化的に価値のある工場や機械などにふれることを目的とした観光)が発達している。ホルティツャ島の自然保護区にはウクライナ・コサックの文化遺産が保存され、彼らの軍事・行政の本拠地であったザポロッジャ・シーチも復元されている。この地域の伝統工芸、ペトリキウカ塗りはユネスコの無形文化遺産に登録されている。

スロボダ地方

ロシアと国境を接する、ウクライナ東部の地域。この地域は、17世紀から18世紀にかけて人口が急速に増えた。「スロボダ」という名は同名の集落に由来し、その住民はいくつもの特権(たとえば納税義務の免除)を与えられ、自由を享受していた。多くの工芸品がつくられ、交易が行われた。ハルキウ市とスーミ市の2つの大都市がある。

森林と自然保護区と工業地帯という多面性がこの地域の特徴だ。ドゥヴォリチャンシキー公園の自然保護区では白い岩壁と丘陵の連なりが見られる。

タウリヤ地方

ウクライナ本土の南部からクリミア半島にまで広がる、黒海沿岸にあるウクライナ南部の地域。産業では海運業と観光業が、スポーツではセーリングが盛んである。気候に恵まれ、スイートチェリー、スイカ、桃、イチジク、ブドウなどが栽培されている。

本土に多くみられる水辺や葦原には渡り鳥が巣をかける。カルキニト湾には黒海最大の島、ジャリルハチュ島があり、ドニプロ潟湖の南東部ではウクライナで最も

高いアジホリシキー灯台が夜な夜な黒海を照らしている。オレシュキ砂漠自然公園は中・東ヨーロッパで2番目に大きな砂漠だ。

ドネツィク地方

シヴェルシキー・ドネツ川流域に広がり、ロシアと国境を接するウクライナ東部の地域。中世にはほぼ未開の地だったが、コサック全盛期の17世紀半ばから人々が積極的に移り住むようになった。ドネツィク炭鉱の中心部がここにある。西欧資本の流入と鉄道インフラの整備のおかげで工業地帯として発展している。仕事を求めて移住する人も多い。ドネツィク市とルハンシク市の2つの主要都市がある。

ハリチナ地方

ウクライナ西部の地域。カルパチア山脈の北側に位置し、東部はズブルチ川まで広がっている。西部はポーランドと国境を接している。中世には独立国家（ハーリチ・ヴォリーニ大公国）があった。その国家は滅亡後、他のヨーロッパ諸国の支配下に置かれたが、のちにウクライナの国家建設の雛型の1つになった。ウクライナの文化の発展に貢献した地域といっていい。

リヴィウ市（旧市街はユネスコ世界遺産に登録）とイヴァノ＝フランキウシク市とテルノーピリ市の3つの大都市があり、城塞や宮殿が多い。新しい企業が次々に設立され、多数の社会貢献的なプロジェクトも実施されている。

ブコヴィナ地方

ウクライナ南西部の地域。北部はドニステル川に囲まれ、南部はカルパチア山脈に沿ってルーマニアとの国境まで広がっている。クラスノイリシク町では、毎年旧暦の正月の前夜にマランカ祭が行われ、人々が色鮮やかな衣装を身につけて新年の訪れを祝う。ドニステル川はフェリーで渡ることができる。チェルニウツィー国立大学の建造物群とドニステル川沿いにある壮大なホティン要塞がこの地域の名所である。文化の中心地は、チェルニウツィー州の州都、チェルニウツィー市。

ベッサラビア地方

モルドバとルーマニアとの国境に位置する、ウクライナ南西部の地域。2つの川に囲まれ、東部ではドニステル川がドニステル潟湖に、南西部ではドナウ川が黒海に流れ込んでいる。潟湖や湖が多く、肥沃な土壌と天候に恵まれた草原地帯である。ブドウ畑や稲田が広がり、希少な鳥の姿も多く見られる。かつては古代ギリシャの都市がいくつもあり、たくさんの民族がここに定住したという。

今でもブルガリア人やアルバニア人やガガウズ人などさまざまな民族が共存し、文化的多様性に富むこの地域では、人々は主に伝統的な農業や漁業に従事している。国立公園があるため、自然環境が保護されている。アッケルマン要塞で知られるビルホロド＝ドニストロウシキー市はこの地域の大都市の1つ。

ポジッリャ地方

モルドバと国境を接し、南ブーフ川とドニプロ川流域に位置するウクライナ中西部の地域。森林と草原が広がり、低い山が連なり、多くの渓谷と峡谷がある。

ここでは、王宮、宮殿、教会、修道院、貯水池に沈んだバコタ村、半島にできた町ザリシチキなど、絵画のように美しい建築物や自然が見られる。ヴィンニツャ市とフメリニツィキー市がこの地域の2大都市。

➡➡➡カムヤネツィ＝ポジリシキー要塞の上空を飛ぶ熱気球。

ポリッシャ地方

　ベラルーシ、ポーランドと国境を接する、ウクライナ北部の地域。湿地帯と森林におおわれたこの地域は、自然に囲まれ都市化がほとんど進んでいないため、伝統文化や伝統工芸が守られている。野生のミツバチの巣からハチミツを採取する森林養蜂もこの地域固有の伝統の1つ。最近では、空き地や廃屋を利用したエコファームやアートビレッジも建設されている。世界最大規模の原発事故が起こったチョルノービリの全長30キロメートルにわたる立入禁止区域があるのもこの地域だ。

ポルタヴァ地方

　スーラ川、プセル川、ヴォルスクラ川の中流域に位置する地域。19世紀にはウクライナで最も経済力のある地域となり、社会活動の拠点の1つだった。商業が盛んで、ウクライナ・コサックの後継者たちが多く住んでいた。

　主要都市はポルタヴァ市。文学者ゆかりの地が多く、郷土料理と文化の多様性と伝統工芸がこの地域を特徴づけている。オピシュネ町は陶芸の中心地で、レシェティリウカ村では刺繍と織物の伝統技術が守られている。楽器づくりも盛んで、ウクライナの民族音楽家〈コブザール〉の国際フェスティバルも開催されている。

制作スタッフ

ウクライナー・プロジェクトの考案者
ボフダン・ロフヴィネンコ

写真
パウロ・バシュコ
ドミトロ・バルトシュ
セルヒー・スヴェルデロウ
カーチャ・アクヴァレリナ
ユーリー・ステファニャク
ソフィヤ・ソリャル
オレクサンドル・ホメンコ
フリスティーナ・クラコウシカ
ミキータ・ザヴィリンシキー
タラス・コヴァリチュク
トラヤン・ムスチャツェ
ドミトロ・オフリメンコ
セルヒー・コロヴァイニー
ポリーナ・ザビジュコ
ヴァシリ・サリハ
オレクシー・カルポヴィチ
アリーナ・コンドラテンコ
オレクサンドル・マヨロウ
パウロ・バホメンコ
アルテム・ハルキン
リナ・チュー
アリェシ・ピリェツキ
ヴァレンティン・クザン
ミコラ・コロリ
アナスタシヤ・ネキピラ
マテウシュ・バイ
オレクサンドル・ラトゥシュニャク
アンナ・チャパラ
アリーナ・ルジャ
ユリヤ・コチェトヴァ
イリーナ・フロモツィカ
ボフダン・ロフヴィネンコ

はじめにと各地域について
ナタリヤ・ポネジロク

編集
イェウヘニヤ・サポジュニコヴァ
アラ・マンジュク

コーディネート
ボフダン・ホルバイ
ウリャーナ・ヘントシュ

著者
ウクライナー (Ukraïner)

ウクライナの「人と場所の物語」をウクライナ人自身が知り、世界にも伝えることを目的として2016年に発足。ウクライナとはどんな国か、ウクライナ人とは何なのかを問い、ウクライナの有名な観光地から小さな無名の村までをくまなく探検している。とりわけ、これまで注目されてこなかった地域や文化の再発見に取り組む。600人以上のボランティアが参加し、ウクライナ語、英語、日本語等を含む12の言語でウェブ上の発信を続けている。
https://ukrainer.net/ja/
Twitter https://twitter.com/ukrainer_ja
Facebook https://facebook.com/ukrainer.ja

共同執筆者
バーバラ・ルッシュ (Barbara Rusch)

ドイツ、ミュンヘン生まれ。ミュンヘン市の大学で民族学、コミュニケーション科学、心理学を学ぶ。イタリアと東アフリカに留学し、1990年からフリーランスの作家、翻訳家、テクニカルエディターとして活躍。得意分野は文化史・科学史・教育学・心理学。書籍や雑誌など、さまざまな媒体で執筆活動を行っている。

訳者
岡本朋子 (おかもと ともこ)

ドイツ語翻訳家。大阪外国語大学外国語学部地域文化学科卒。訳書に『哲学のきほん──七日間の特別講義』『ドイツ帝国の正体──ユーロ圏最悪の格差社会』（以上、早川書房）、『内向型人間のための人生戦略大全』（CCCメディアハウス）などがある。

日本語版監修者
平野高志 (ひらの たかし)

1981年、鳥取県生まれ。東京外国語大学ロシア・東欧課程卒。2013年、リヴィウ国立大学修士課程修了。2014〜18年、在ウクライナ日本国大使館専門調査員。2018年よりウクルインフォルム通信日本語版編集者。ウクライナーにボランティアとして参加。著書に『ウクライナ・ファンブック』（パブリブ）がある。

写真キャプション

【p.1】 暖かい季節にカルパチア山脈のソキリシキーの尾根にある牧草地で羊に草を食べさせるヴァシーリ。

【p.2-3】 キーウ市にある〈祖国の母の像〉は、第二次世界大戦でソビエト連邦がドイツに勝利したことを記念してつくられ、1981年に完成した。

美しきウクライナ 愛しき人々・うるわしの文化・大いなる自然

2023年3月20日　第1版1刷

ISBN978-4-86313-576-5
Printed in Japan

著者	ウクライナー
訳者	岡本朋子
日本語版監修	平野高志
編集	尾崎憲和　葛西陽子
翻訳協力	リベル
編集協力	上野裕子　林菜穂子（ビークス）
デザイン	宮坂 淳（snowfall）
制作	クニメディア
発行者	滝山 晋
発行	株式会社日経ナショナル ジオグラフィック 〒105-8308　東京都港区虎ノ門4-3-12
発売	株式会社日経BPマーケティング
印刷・製本	加藤文明社

Japanese translation ©2023 Tomoko Okamoto
Japanese translation ©2023 Nikkei National Geographic Inc.

乱丁・落丁本のお取替えは、こちらまでご連絡ください。
https://nkbp.jp/ngbook